SOCIÉTÉ DES SCIENCES DE NANCY

ANCIENNE SOCIÉTÉ DES SCIENCES NATURELLES DE STRASBOURG

FONDÉE EN 1828

CATALOGUE

DE LA BIBLIOTHÈQUE

NANCY

IMPRIMERIE BERGER-LEVRAULT ET Cⁱᵉ

18, rue des Glacis, 18

1894

CATALOGUE

DE LA BIBLIOTHÈQUE

DE LA

SOCIÉTÉ DES SCIENCES DE NANCY

SOCIÉTÉ DES SCIENCES DE NANCY

ANCIENNE SOCIÉTÉ DES SCIENCES NATURELLES DE STRASBOURG

FONDÉE EN 1828

CATALOGUE
DE LA BIBLIOTHÈQUE

NANCY

IMPRIMERIE BERGER-LEVRAULT ET Cie

18, rue des Glacis, 18

1894

SOCIÉTÉ DES SCIENCES DE NANCY

CATALOGUE DE LA BIBLIOTHÈQUE

ARRÊTÉ AU 1ᵉʳ JANVIER 1894

I

PUBLICATIONS PÉRIODIQUES

Amiens.   Bulletin de la *Société linnéenne du Nord de la France*. In-8°. — 1874 à 1891.

—   Mémoires de la Société linnéenne du Nord de la France. In-8°. — 1883, 1884-1885, 1886-1888, 1889-1891.

—   Bulletin de la *Société industrielle d'Amiens*. In-8°. — 1880 à 1893.
Table générale : 1885 à 1892.

Amsterdam.   Verhandelingen der *Koninklijke Akademie van Wetenschappen*. In-4°. — 1874 à 1891.

Amsterdam. Verslagen en Mededeelingen der Koninklijke Akademie van Wetenschappen. In-8°. — 1853 à 1893.
Table : 1885 à 1892.

Angers. Bulletin de la *Société d'études scientifiques* d'Angers. In-8°. — 1873 à 1892.

— Bulletin de la *Société industrielle et agricole* d'Angers et du département de Maine-et-Loire. In-8°. — 1875 à 1892.

Bâle. Verhandlungen der *Naturforschenden Gesellschaft in Basel*. In-12. — 1878, 1882 à 1887.

Batavia. Tijdschrift voor Indische Taal, Land en Volkenkunde, uisgegeven door het *Bataviaasch Genootschap van Kunsten en Wetenschappen*. In-8°. — 1874 à 1878.

— Verhandelingen van het Bataviaasch Genootschap van Kunsten en Wetenschappen. In-4°. — 1875.

— Notulen van de Allgemeene en Bestuurs-Vergaderingen van het Bataviaasch Genootschap van Kunsten en Wetenschappen. In-8°. — 1874 à 1878.

Batavia.	Catalogus van het Ethnologische Afdeeling van het Museum van het Bataviaasch Genootschap van Kunsten en Wetenschappen. In-8°. — 1877.
—	Naturkundig Tijdschrift voor Neerlandsch-Indie, uitgegeven door de *Koninklijke Naturkundige Vereeniging in Neerlandsch-Indie.* In-8°. — 1882 à 1893.
—	Catalogus van het Bibliotheek van de Koninklijke Naturkundige Vereeniging in Neerlandsch-Indie. In-8°. — 1884.
—	Het Maleisch van de Molukken. Batavia. 1 vol. in-4°. — 1876.
Belfort.	Bulletin de la *Société Belfortaine d'émulation.* In-8°. — 1893.
Bergen.	*Bergen's Museums* Aarsberetning. In-8°. — 1887 à 1892.
Berlin.	Monatsbericht der *Kœniglichen Preussischen Akademie der Wissenschaften zu Berlin.* In-8°. — 1873 à 1881.

Berlin.	Sitzungsberichte der Kœniglichen Preussischen Akademie der Wissenschaften zu Berlin. Grand in-8°. — 1882 à 1893.
—	Abhandlungen der Kœniglichen Preussischen Akademie der Wissenschaften zu Berlin. In-4°. — 1873 à 1882.
—	Zeitschrift der *Deutschen Geologischen Gesellschaft zu Berlin*. In-8°. — 1873 à 1875.
Berne.	Mittheilungen der *Naturforschenden Gesellschaft in Bern*. In-12. — 1873 à 1892.
Besançon.	Bulletin de la *Société de médecine de Besançon*. In-8°. — 1868 à 1878.
—	Mémoires de la *Société d'émulation du Doubs*. In-8°. — 1872 à 1891.
—	*Mémoires de l'Académie des sciences, belles-lettres et arts de Besançon*. In-8°. — 1882-1884.
Béziers.	Bulletin de la *Société d'études des sciences naturelles de Béziers*. In-8°. — 1876 à 1881 ; 1888 à 1892.

Bonn.	Verhandlungen des *Naturhistorischen Vereins der preussischen Rheinlande und Westfalens*. In-8°. — 1873 à 1893.
Bordeaux.	Actes de la *Société linnéenne de Bordeaux*. In-8°. — 1873 à 1891-1892.
—	Mémoires de la *Société des sciences physiques et naturelles de Bordeaux*. In-8°. — 1875 à 1892.
Boston (Massachusetts).	Proceedings of the *American Academy of arts and sciences*. In-8°. — 1873 à 1892.
Breslau.	Jahresberichte der *Schlesischen Gesellschaft für vaterländische Cultur*. In-8°. — 1873 à 1892. Tables : 1804-1876 ; 1864-1876.
Brünn.	Verhandlungen des *Naturforschenden Vereines*. In-8°. — 1874 à 1892.
—	Katalog der Bibliothek des Naturforschenden Vereines. In-8°. — 1875.
—	Berichte der *meteorologischen Commission* des Naturforschenden Vereines in Brünn. In-8°. — 1882 à 1891.

Bruxelles. Bulletin de l'*Académie royale des sciences, des lettres et des beaux-arts de Belgique*. In-8°. — 1873 à 1892.

— Mémoires de l'Académie royale des sciences, des lettres et des beaux-arts de Belgique. In-4°. — 1873 à 1893.

— Mémoires couronnés et Mémoires des savants étrangers publiés par l'Académie royale des sciences, des lettres et des beaux-arts de Belgique. In-4°. — 1873 à 1893.

— Mémoires couronnés et autres mémoires publiés par l'Académie royale des sciences, des lettres et des beaux-arts de Belgique. In-8°. — 1873 à 1892.

— Annuaire de l'Académie royale des sciences, des lettres et des beaux-arts de Belgique. In-18. — 1874 à 1893.

— Bulletin de l'*Académie d'archéologie de Belgique*. In-8°. — 1890 à 1893.

— Annales de l'Académie d'archéologie de Belgique. In-8°. — 1880 à 1893.

Bruxelles. Bulletin de la *Société royale de botanique de Belgique*. In-8°. — 1862-1891.

Caen. Bulletin de la *Société des beaux-arts de Caen*. Grand in-8°. — 1875-1876.

— Mémoires de l'*Académie nationale des sciences, arts et belles-lettres de Caen*. In-8°. — 1875 à 1893.

— Bulletin de la *Société linnéenne de Normandie*. In-8°. — 1873 à 1892.

— Mémoires de la Société linnéenne de Normandie. In-8°. — 1892.

— Bulletin du *laboratoire de géologie de la Faculté des sciences*. In-8°. — 1890.

Carlsruhe. Verhandlungen des *Naturwissenschaftlichen Vereins in Carlsruhe*. In-8°. — 1876, 1883 à 1888.

Chemnitz. Bericht der *Naturwissenschaftlichen Gesellschaft zu Chemnitz*. In 8°. — 1875-1877 à 1889.

Cherbourg.	Mémoires de la *Société nationale des sciences naturelles et mathématiques*. In-8°. — 1877 à 1892.
Coire.	Jahresbericht der *Naturforschenden Gesellschaft Graubündens*. In-8°. — 1869 à 1891-1892.
Colmar.	Bulletin de la *Société d'histoire naturelle*. In-8°. — 1860 à 1889-1890.
Copenhague.	Oversigt over det *Kongelige Danske Videnskaberne Selskabs*. (Société royale danoise des sciences.) In-8°. — 1873 à 1893.
—	Mémoires de l'Académie royale des sciences et des lettres de Danemark In-4°. — 1875 à 1893.
Cordoba (République Argentine).	Actas et Boletin de la *Academia nacional de ciencias* en Cordoba. In-8°. — 1882 à 1884.
Costa-Rica (Amérique centrale).	Anales del *Instituo fisico-geografico y del Museo nacional de Costa-Rica*. In-4°. — 1887 à 1890.
Cracovie.	Bulletin international de l'*Académie des sciences* de Cracovie. In-8°. — 1889 à 1893.

Dantzig. Schriften der *Naturforschenden Gesellschaft in Dantzig*. In-8°. — 1873-1875 à 1891.

Davenport (Iowa). Proceedings of the Davenport *Academy of natural sciences*. In-8°. — 1882 à 1892.

Dublin. Journal of the *Royal Geological Society of Ireland*. In-8°. — 1873 à 1887.

— The Transactions *Royal Irisch Academy*. In-4°. — 1875 à 1882.

Épinal. Annales de la *Société d'émulation des Vosges*. In-8°. — 1873 à 1893.

Évreux. Recueil de la *Société libre d'agriculture, sciences, arts et belles-lettres de l'Eure*. In-8°. — 1891-1892.

Florence. Estratto dal Bolletino della *Società botanica Italiana*. In-8°. — 1890 à 1892.

Frauenfeld. Mittheilungen der *Thurgauischen Naturforschenden Gesel'schaft*. In-8°. — 1890 à 1892.

Fribourg-en-Brisgau. Berichte der *Naturforschenden Gesellschaft zu Freiburg-im-Breisgau*. In-8°. — 1873 à 1893.

Gênes. Atti della *Società ligustica di scienze naturali e geografiche*. In-8°. — 1889 à 1893.

Genève. Comptes rendus de la *Société helvétique des sciences naturelles*. In-8°. — 1873 à 1892.

Giessen. Berichte der *Oberhessischen Gesellschaft für Natur und Heilkunde*. In-8°. — 1876 à 1892.

Görlitz. Abhandlungen der *Naturforschenden Gesellschaft zu Görlitz*. In-8°. — 1875 à 1893.

Granville (Ohio). Bulletin of the *scientific Laboratories of Denison University*. In-8°. — 1885 à 1891.

— Journal of the scientific Laboratories of Denison University. In-8°. — 1891 à 1893.

Guéret. Bulletin de la *Société des sciences naturelles et archéologiques de la Creuse*. In-8°. — 1843 à 1873.

Guéret. Mémoires de la Société des sciences naturelles et archéologiques de la Creuse. In-8°. — 1857 à 1892.

Halifax (Nova-Scotia) [Canada]. The proceedings and Transactions of the Nova scotian *Institute of natural science.* In-8°. — 1889-1890 à 1891-1892.

Halle. Acta *Academiæ Cæsareæ Leopoldino-Carolinæ Germanicæ naturæ Curiosorum.* In-4°. — Volume 54.

Hambourg-Altona. Verhandlungen des *Naturwissenschaftlichen Vereins* von Hamburg-Altona. In-8°. — 1875 à 1880.

— Abhandlungen aus dem Gebiete der Naturwissenschaften herausgegeben vom Naturwissenschaftlichen Verein von Hamburg-Altona. In-4°. — 1881 à 1892.

Harlem. Archives néerlandaises des sciences exactes et naturelles publiées par la *Société hollandaise des sciences.* In-8°. — 1874 à 1893.

Havre. Bulletin de la *Société des sciences et arts agricoles et horticoles.* In-8°. — 1879 à 1884.

Havre.   Bulletin de la *Société géologique de Normandie*. In-8°. — 1887 à 1889.

Helsingfors.   Meddelanden af *Societas pro fauna et flora fennica*. In-8°. — 1852 à 1892.

—   Acta *Societatis scientiarum fennicæ*. In-4°. — 1883 à 1891.

—   Observations météorologiques publiées par la Société des sciences de Finlande. In-8°. — 1873 à 1891.

—   Vetenskapliga meddelanden af *geografiska Föreningen* i Finland. In-8°. — 1892-1893.

—   Ofversigt af *finska Vetenskaps societetens* Forhandlingar. In 8°. — 1871 à 1891-1892.

—   Dess organisation och Verksamhet, 1838 à 1888.

—   Bidrag un Kannedom af Finlands Natur och Folk utgifna af Finska Vetenskaps Societetens. In-8°. — 1871-1892.

Helsingfors.	Exploration internationale des régions polaires In-8°. — 1882 à 1884.
Innsbrück.	Zeitschrift des *Ferdinandeums für Tirol und Vorarlberg.* In-8°. — 1874 à 1893.
Kiew.	Mémoires de la *Société des naturalistes.* In-8°. — 1887 à 1893.
Lausanne.	Bulletin de la *Société vaudoise des sciences naturelles.* In-8°. — 1874 à 1893.
Leipzig.	Abhandlungen der mathematich - physischen classe der *Kœniglich Sächsischen Gesellschaft der Wissenschaften in Leipzig.* In-8°. — 1874 à 1893.
—	Berichte über die Verhandlungen der Kœniglich Sächsischen Gesellschaft der Wissenschaften zu Leipzig. In-8°. — 1873 à 1893.
—	Mittheilungen des *Vereins für Erdkunde zu Leipzig.* In-8°. — 1884 à 1892.
Liège.	Annales de la *Société géologique de Belgique.* In-8°. — 1874 à 1893.

— 14 —

Liège.   Mémoires de la *Société royale des sciences de Liège*. In-8°. — 1883 à 1893.

Lille.   Revue biologique du Nord de la France. In-8°. — 1889 à 1893.

Lisbonne.   Jornal de sciencias Mathematicas physicas e naturaes publicado sob os auspicios da *Academia Real das sciencias de Lisboa*. In-8°. — 1876 à 1887.

—   Memorias da Academia Real das sciencias de Lisboa (classe de sciencias mathematicas-physicas e naturaes). In-4°. — 1875 à 1881. (Classe de sciencias moraes, politicas e bellas-lettras). In-4°. — 1877 à 1885.

—   Historia dos Estabelecimentos scientificos, litterarios e artisticos de Portugal por José Silvestre Ribeiro. In-8°. — 1876 à 1887.

—   Portugaliæ monumenta historica a sæculo octavo post Christum usque ad quintum decimum jussu academiæ scientiarum olisipponensis. In-folio. — 1856 à 1873.

Liverpool.   Proceedings of the *Liverpool Biological Society*. In-8°. — 1886-1887 à 1892-1893.

Londres. The quaterly Journal of the *Geological Society.* In-8°. — 1875 à 1890. (List.)

Lons-le-Saunier. Mémoires de la *Société d'émulation du Jura.* In-8°. — 1885 à 1888.

Luxembourg. Publications de l'*Institut royal grand-ducal de Luxembourg* (section des sciences naturelles et mathématiques). In-8°. — 1874 à 1886.

— *Fauna,* Verein Luxemburger Naturfreunde. In-8°. — 1891 à 1893.

— Recueil des mémoires et des travaux publiés par la *Société botanique du grand-duché de Luxembourg.* In-8°. — 1875 à 1882, 1883 à 1886.

— Observations météorologiques faites à Luxembourg, par M. Reuter-Chomé. In-8°. — 1874 à 1892.

Lyon. Bulletin de la *Société d'études scientifiques.* In-8°. — 1874 à 1879.

— Annales de la *Société linnéenne.* In-8°. — 1879 à 1891.

Lyon.	Bulletin de la *Société botanique*. In-8°. — 1890 à 1892.
—	Annales de la Société botanique. In-8°. — 1885 à 1892.
Manchester.	Proceedings of the *Manchester litterary and philosophical Society*. In-8°. — 1873-1874 à 1892-1893.
—	Memoirs and proceedings of the Manchester litterary and philosophical Society. In-8°. — 1876 à 1893.
Mannheim.	Jahresbericht des *Mannheimer Vereins für Naturkunde*. In-8°. — 1870 à 1878.
Marseille.	Annales de la *Faculté des sciences*. In-4°. — 1891 à 1893.
Meriden (Connecticut).	Transactions of *Scientific association*. In-8°. — 1890 à 1892.
Metz.	Bulletin de la *Société d'histoire naturelle*. In-8°. — 1887 à 1893.

Mexico (Mexique). Memorias de la *Sociedad científica Antonio Alzate*. In-8°. — 1887 à 1893.

— Boletin mensual *Observatorio Meteorologico Magnetico central de Mexico*. In-folio. — 1888 à 1892.

— Memoria presentada al Congreso de la Union de Fomento Colonization, industria y comercio. 3 vol. in-4°. — 1885.

— Informes y documentos relativos a comercio interior y exterior, agricultura, mineria et industrias. In-8°. — 1889 (janvier à août).

Montauban. Recueil de l'*Académie des sciences, belles-lettres et arts de Tarn-et-Garonne*. In-8°. — 1882-1883 à 1889.

Montbéliard. Mémoires de la *Société d'émulation*. In-8°. — 1871 à 1893.

Montpellier. Mémoires de l'*Académie des sciences et lettres* (*section des sciences*). Grand in-8°. — 1873 à 1893.

Montréal (Canada). *Académie commerciale catholique de Montréal.* In-8°. — 1872-1873, 1879-1880.

—   *Annuaire de Ville-Marie.* In-18. — 1871 à 1883.

—   The *Canadian Antiquarian, and numismatic journal.* In-8°. — 1873 à 1881.

Moscou. Bulletin de la *Société Impériale des Amis des sciences naturelles de Moscou.* In-8°. — 1892.

—   Bulletin de la *Société Impériale des naturalistes.* In-8°. — 1873 à 1893.

Munich. Abhandlungen der mathematisch-physikalischen Classe der *Königlich Baierischen Akademie der Wissenschaften.* In-4°. — 1871 à 1892.

—   Sitzungsberichte der mathematisch-physikalischen Classe der Königlich Baierischen Akademie der Wissenschaften zu München. In-8°. — 1872 à 1889.

—   Almanach der Königlich Baierischen Akademie der Wissenschaften für das Jahr 1875, 1878, 1884. — In-12.

Munster. Jahresbericht des *Westfälischen Provinzial Vereins für Wissenschaft und Kunst.* In-8°. — 1877 à 1889.

Nancy. Bulletin administratif de la ville de Nancy. — Délibérations du Conseil municipal. In-8°. — 1880 à 1893.

— Bulletin hebdomadaire de Statistique démographique et médicale. In-12. — 1880 à 1893.

— Mémoires de l'*Académie de Stanislas.* In-8°. — 1872 à 1892.

— Observations de la *Commission météorologique de Meurthe-et-Moselle.* In-8°. — 1878 à 1892.

— *Revue médicale de l'Est.* In-8°. — 1878 à 1891.

— Bulletin de la *Société des Amis de l'Université.* In-8°. — 1891 à 1893.

— Bulletin de la *Société de géographie de l'Est.* In-8°. — 1879 à 1893.

Nancy. Mémoires de la *Société de médecine*. In-8°. — 1871-1872 à 1892-1893.

— Bulletin de la *Société des sciences*. In-8°. — 1872 à 1893.

Nantes Bulletin de la *Société des sciences naturelles de l'Ouest de la France*. In-8°. — 1891 à 1893.

Naples. Atti et rendi conti della *Reale Accademia di scienze morali e politiche di Napoli*. In-8°. —1887 à 1892.

— Bolletino della *Società di naturalisti in Napoli*. In-8°. — 1891 à 1893.

Neufchâtel. Bulletin de la *Société des sciences naturelles*. In-8°. — 1875 à 1892.

New-York (États-Unis). Transactions of the *New-York Academy of sciences*. In-8°. — 1884-1885 à 1892-1893.

Nimes. Bulletin de la *Société d'études des sciences naturelles*. In-8°. — 1874 à 1893.

Offenbach a/ Mein. *Offenbacher Verein für Naturkunde.* In-8°. — 1871 à 1892.

Osnabrück. Jahresbericht des *Naturwissenschaftlichen Vereins zu Osnabrück.* In-8°. — 1885 à 1892.

Paris. *Association française pour l'avancement des sciences.* In-8° — 1880 à 1893.

— *Informations et documents divers.* In-8°. — N°s 33 à 67.

— *Feuille des jeunes naturalistes.* In-8°. — 1870 à 1893.

— *Catalogue de la Bibliothèque de la Feuille des jeunes naturalistes.* In-8°. — N°s 1 à 16.

— *Journal des Savants.* In-4°. — 1880 à 1892.

— *Revue des Sociétés savantes* (sciences mathématiques, physiques et naturelles). In-8°. — 1867 à 1880.
Avec table générale.

— 22 —

Paris.   Revue des Sociétés savantes des départements.
              In-8°. — 1880 à 1882.

—   Revue des travaux scientifiques. In-8°. — 1881
              à 1893.

Perpignan.   Mémoires de la Société agricole, scientifique et
              littéraire des Pyrénées-Orientales. In-8°. —
              1874 à 1893.

Philadelphie (Pensylvanie).   Proceedings of the Academy of natural sciences
              of Philadelphia. In-8°. — 1873 à 1893.

Philadelphie. Journal of the Academy of natural sciences of
              Philadelphia. In-4°. — 1876 à 1893.

—   Geological Survey of Pennsylvania. In-8°. —
              1876 à 1890.

Pise.   Atti della Società Toscana di scienze naturali
              in Pisa. In-8°. — 1875 à 1893.

Prague.   Abhandlungen der Königlich Böhmischen Ge-
              sellschaft der Wissenschaften. In-4°. —
              1866 à 1892.

Prague. Sitzungsberichte der Königlich Böhmischen Gesellschaft der Wissenschaften. In-8°. — 1872-1873, 1876 à 1891.

— Jahresbericht der Königlich Böhmischen Gesellschaft der Wissenschaften. In-8°. — 1890 à 1891.

Presbourg. Verhandlungen des *Vereins für Natur- und Heilkunde zu Pressburg*. In-8°. — 1871 à 1891.

Ratisbonne. Abhandlungen des *zoologisch-mineralogischen Vereines in Regensburg*. In-8°. — 1875 à 1878.

— Correspondenz-Blatt des zoologisch-mineralogischen Vereines in Regensburg. In-8°. — 1873 à 1879.

Rio-de-Janeiro (Brésil). Annales de l'*Observatoire impérial*. In-4°. — 1882 à 1889.

— Bulletin astronomique et météorologique de l'Observatoire impérial. In-8°. — 1881 à 1883

— Revista do observatorio do Rio de Janeiro. In-8°. — 1889 à 1892.

Rio-de-Janeiro. Annuaire publié par l'Observatoire impérial. In-18. — 1888 à 1893.

— O clima do Rio de Janeiro. In-folio. — 1892.

— Archivos do *Museo nacional*. — 1881 et 1887.

Rochester (New-York). *Academy of sciences*. In-8°. — 1890 à 1893.

Rome. Atti della *Reale Accademia dei Lincei*. Grand in-8°. — 1873 à 1893.

— Rassegna delle *Scienze geologiche in Italia*. In-8°. — 1891.

Rouen. Bulletin de la *Société des Amis des sciences naturelles*. In-8°. — 1873 à 1892.

Saint-Dié. Bulletin de la *Société philomathique Vosgienne*. In-8°. — 1875 à 1892-1893.

San-Francisco (Californie). Bulletin of the *California Academy of sciences*. In-8°. — 1886 à 1893.

San-Francisco. *Occasional papers*. In-8°. — 1890 à 1893.

Saint-Gall. Bericht über die Thätigkeit der *St. Gallischen naturwissenschaftlichen Gesellschaft*. In-8°. — 1872 à 1890-1891.

Saint-Jean-d'Angély. Bulletin de la *Société linnéenne de la Charente-Inférieure*. In-8°. — 1878 à 1880.

Saint-Louis (Missouri). Contributions to the Archeology of Missouri by the Archeological section of the *Saint-Louis Academy of sciences*. In-folio. — 1880.

— The Transactions of the Saint-Louis Academy of sciences. In-8°. — 1875 à 1891-1893. Répertoire 1890.

— Publications of the *Missouri Historical Society Saint-Louis*. — 1880 à 1883.

Saint-Pétersbourg. Bulletin de l'*Académie impériale des sciences*. Grand in-4°. — 1873 à 1880.

— Mémoires de l'Académie impériale des sciences. Grand in-4°. — 1873 à 1880.

Saint-Pétersbourg. Bulletin du *Comité géologique*. In-4° et in-8°. — 1882 à 1893.

— Catalogue de la bibliothèque du Comité géologique. In-8°. — 1885 à 1891.

— *Archives des sciences biologiques*. In-4°. — 1892 à 1893.

Stockholm. *Kongliga Svenska Vetenskaps Akademiens* Handlingar. In-4°. — 1874 à 1890-1891.

— Bihang till Kongl. Svenska Vetenskaps-Akademiens Handlingar. In-8°. — 1875 à 1892.

— Ofversigt af Kong. Vetenskaps-Akademiens Forhandlingar. In-8°. — 1876 à 1892.

— Lefnodsteckningar. In-8°. — 1835 à 1891.

Toulouse. *Rapport annuel des travaux des Facultés*. In-8°. — 1892.

— Mémoires de l'*Académie des sciences, inscriptions et belles-lettres*. In-8°. — 1870 à 1893.

Toulouse.	Bulletin de la *Société académique franco-hispano-portugaise*. In-8°. — 1883 à 1893.
—	Bulletin de la *Société d'histoire naturelle*. In-8°. — 1872 à 1893.
—	*Revue de botanique*. In-8°. — 1890 à 1893.
Tours.	Annales de la *Société d'agriculture, sciences, arts et belles-lettres du département d'Indre-et-Loire*. In-8°. — 1873 à 1893.
Trenton (New-Jersey).	Journal of the *Trenton natural history Society*. In-8°. — 1888 à 1891.
Turin.	Atti della *Reale Accademia delle scienze di Torino*. In-8°. — 1877 à 1880.
—	Memorie della Reale Accademia delle scienze di Torino. In-4°. — 1878 à 1883.
—	Bolletino dell *Osservatorio della Regia Università di Torino*. In-4°. — 1877 à 1879.
Upsal.	Nova acta *Regiæ Societatis scientiarum Upsaliensis*. In-4°. — 1869 à 1892.

Upsal. Bulletin météorologique mensuel de l'*Observatoire de l'Université d'Upsal*. In-4°. — 1868 à 1877.

Verdun. Mémoires de la *Société philomathique de Verdun*. In-8°. — 1874 à 1893.

Versailles. Mémoires de la *Société des sciences naturelles et médicales de Seine-et-Oise*. In-8°. — 1872 à 1882, 1885 à 1890.

Vienne. Denkschriften der *Kaiserlichen Akademie der Wissenschaften*. In-4°. — 1874 à 1892.

— Sitzungsberichte der Kaiserlichen Akademie der Wissenschaften. In-8°. — 1873 à 1892.

— Annalen des *Kais. Königl. naturhistorischen Hofmuseums*. Grand in-8°. — 1886 à 1892.

— Verhandlungen der *Kaiserlich-Königlichen Zoologisch-Botanischen Gesellschaft in Wien*. In-8°. — 1874 à 1893.

Vitry-le-François. *Société des arts et sciences*. In-8°. — 1867 à 1889-1890.

Washington (D. C.). *Smithsonian Institution :* Annual Report. In-8°. — 1873 à 1890.

— Geological and Geographical survey of Colorado and adjacent Territory. In-4°. — 1867-1869, 1875-1877, 1881 à 1890.

— Second annual Report of the *Bureau of ethnology* to the secretary of the Smithsonian Institution. In-4°. — 1879 à 1888.

Wiesbaden. Jahrbücher des *Nassauischen Vereins für Naturkunde.* In-8°. — 1873 à 1891.

Zurich. Viertel Jahrsschrift der *Naturforschenden Gesellschaft in Zurich.* In-12. — 1874 à 1893.

— Nouveaux mémoires de la Société helvétique des sciences naturelles. In-4°. — 1874, 1876, 1877, 1881.

II

MÉMOIRES ORIGINAUX

1. — AGRICULTURE

P. G. de Dumast. Deux fruits intéressants de la région du Nord-Est. — Nancy, 1882, 1 br. in-8°.

Fr. Fraisse. Fêtes du centenaire de Mathieu de Dombasle et concours régional. — Compte rendu publié au nom du bureau. — Nancy, 1878, 1 vol. in-8°.

— Statistique agricole de la moyenne et grande propriété (fermes de 20 hectares et au-dessus). — Nancy, 1 vol. in-folio.

Fliche et Grandeau. De l'influence de la composition chimique du sol sur la végétation du châtaignier. — Paris, 1873, 1 br. in-8°.

Hirsch. Note sur le réservoir de Mittersheim et le déversoir-siphon. — Paris, 1869, 1 br. in-8°.

2. — ANATOMIE

H. Beaunis.   Remarques sur un cas de transposition des viscères. — Paris, 1874, 1 br. in-8°.

Honel.   Catalogue du Musée Orfila. — Paris, 1881, 1 vol. in-8°.

Nicolas.   Organes érectiles. — Paris, 1886, 1 vol. in-8°.

A. Prenant.   Sur la morphologie des épithéliums. Espaces et ponts intercellulaires. Membrane épithéliale de Descemet (Extrait du *Journal de l'anatomie*). — Paris, 1 br. in-8°.

Testut.   Vaisseaux et nerfs des tissus conjonctif, fibreux, séreux et osseux ; anatomie et physiologie. — Paris, 1880, 1 vol. in-8°.

3. — ANTHROPOLOGIE

F. Barthélemy. Les congrès internationaux d'anthropologie préhistorique et de zoologie en 1892 à Moscou. — Nancy, 1893, 1 br. in-8°.

Bleicher et Faudel. Matériaux pour une étude préhistorique de l'Alsace. — Colmar, 1880-1885, 3 vol. in-8°.

— Notice sur une station préhistorique avec faune quaternaire à Vœgtlinshofen dans la Haute-Alsace. — Colmar, 1888, 1 br. in-8°.

Bleicher. Nancy avant l'histoire. — Nancy, 1883, 1 br. in-8°.

Bleicher et L. Wiener. Notice sur la découverte d'une station funéraire de l'âge de bronze à Villey-Saint-Étienne. — Nancy, 1886, 1 br. in-8°.

Em. Cartailhac. Rapport sur la paléo-ethnologie. — Période néolithique ou de la pierre polie. — Toulouse, 1878, 1 br. in-8°.

Collignon. Description de crânes et ossements préhistoriques et de crânes de l'époque mérovingienne trouvés en Alsace. — Colmar, 1882, 1 br. in-8°.

— Étude anthropométrique élémentaire des principales races en France. — Paris, 1883, 1 br. in-8°.

— Note sur les crânes de Cumières (Meuse), époque néolithique. — Paris, 1883, 1 br. in-8°.

— L'angle facial de Cuvier sur le vivant mesuré à l'aide du goniomètre facial médian de Topinard. — Paris, 1886, 1 br. in-8°.

— Carte de la répartition de l'indice céphalique en France. — Paris, 1887, 1 br. in-8°.

— Les âges de la pierre en Tunisie. — Lyon, 1887, 1 br. in-8°.

— Répartition de la couleur des yeux et des cheveux chez les Tunisiens sédentaires. — Paris, 1888, 1 br. in-8°.

— La couleur des yeux et des cheveux chez les Aïnos. — Paris, 1889, 1 br. in-8°.

Collignon.	L'indice céphalique des populations françaises. — Paris, 1890, 1 br. in-8°.
—	L'anthropologie au conseil de revision. Méthode à suivre, son application à l'étude des populations des Côtes-du-Nord. — Paris, 1891, 1 br. in-8°.
J. Delbos.	Notice sur la découverte de squelettes humains dans le Lehm de Bollwiller (Haut-Rhin). — Paris, 1 br. in-8°.
Faudel.	Note sur la découverte d'ossements fossiles humains dans le Lehm de la vallée du Rhin à Eguisheim près Colmar (Haut-Rhin). — Colmar, 1867, 1 br. in-8°.
W. H. Holmes.	The use of gold and other metals among the ancient inhabitants of Chiriqui, isthmus of Darien. — Washington, 1887, 1 broch. in-8°.
G. Marty.	La caverne de Montlaur ou de l'Herm (Ariège). — Foix, 1883, 1 br. in-8°.
Ettore Regalia.	Sopra un osso forato raccolto in un nuraghe. — Florence, 1879, 1 br. in-8°.

Ph. Thomas. — Recherches sur les sépultures anciennes des environs d'Aïn-el-Bey (près de Constantine, Algérie). — Paris, 1880, 1 br. in-8°.

Zernow. — Encéphalomètre du professeur Z..., de Moscou. — Moscou, 1892, 1 br. in-8°.

4. — ARCHÉOLOGIE

F. Barthélemy. Recherches archéologiques sur la Lorraine avant l'histoire. — Nancy, 1889, 1 vol. in-8°.

— Répertoire des découvertes préhistoriques dans le département de la Meurthe (Congrès de Paris, 1889).

— Outil acheuléen découvert dans les alluvions de la Moselle. — Paris, 1891, 1 br. in-8°.

— Camps vitrifiés et camps calcinés. — Nancy, 1892, 1 br. in-8°.

H. W. Henshaw. Perforated Stones from California. — Washington, 1887, 1 br. in-8°.

F. Liénard. Archéologie de la Meuse. — Description des voies anciennes et des monuments aux époques celtique et gallo-romaine. — Verdun, 1881-1885, 3 vol. et 3 atlas in-4°.

De Lasteyrie.	Bibliographie des travaux historiques et archéologiques publiés par les sociétés savantes de la France. — Paris, 1887, 1 vol. in-4°.
Le Blant.	L'épigraphie chrétienne en Gaule et dans l'Afrique romaine. — Paris, 1890, 1 vol. in-8°.
C. Thomas.	Catalogue of prehistoric Works east of the rocky mountains. — Washington, 1891, 1 vol. in-8°.
J. B. Thuot.	Notice sur quelques restes d'édifices romains trouvés dans le rempart vitrifié du Puy-de-Gaudy. — Guéret, 1879, 1 br. in-8°.
C. Vincent.	De l'iconographie de sainte Anne et de la Vierge Marie, à propos d'une statue du xve siècle. — Paris, 1891, 1 br. in-8°.

5. — ASTRONOMIE

F. Filon et A. Cordeau. Construction d'une sphère terrestre monumentale à l'échelle de 1/100,000e ; 40 mètres de circonférence. — Paris, 1888, 1 br. in-8°.

C. Flammarion. Orbite apparente et période de révolution de l'étoile double de la Grande-Ourse (Communication à l'Académie des sciences). — Paris, 1874, 1 br. in-4°.

— De la rotation diurne de la terre. — Paris, 1868, 1 br. in-8°.

J. C. Houzeau et A. Lancaster. Bibliographie générale de l'astronomie ou catalogue méthodique des ouvrages, des mémoires et des observations astronomiques publiés depuis l'origine de l'imprimerie jusqu'en 1880. — 1 br. in-8°.

Tyge Brahes. Tyge Brahes Meteorologiske Dagbog. Hoold paa Uraniborg for Aarene 1582-1597. — Copenhagen, 1876, 1 vol. in-8°.

— The total eclipse of the Sun January 1. 1889. — Cambridge, 1891, 1 vol. in-4°.

6. — BOTANIQUE

F. Ardissone.   La vie des cellules et l'individualité dans le règne végétal (Traduit par André Champseix). — Milan, 1874, 1 br. in-8°.

—   Le Floridee Italiche. — Milan, 1875, 1 vol. in-8°.

H. Bardy.   L'empoisonnement par les champignons. Observations recueillies à Saint-Dié et dans les Vosges. — Saint-Dié, 1883, 1 br. in-8°.

Bucquoy.   Herbier du jeune botaniste. — Perpignan, 1882, 1 vol. in-folio.

—   Habitat du genre *Trifolium* dans les Pyrénées-Orientales (Extrait de la *Revue de botanique*). T. II, 1883-1884. — 1 br. in-8°.

—   Étude de la famille des Cypéracées des Pyrénées-Orientales. — Perpignan, 1884, 1 br. in-8°.

Bucquoy. Étude sur la famille des Renonculacées ; plantes trouvées jusqu'à ce jour dans les Pyrénées-Orientales. — Auch, 1884, 1 br. in-8°.

G. Camus. Catalogue des plantes de France, de Suisse et de Belgique. — Paris, 1888, 1 vol. in-8°.

A. L. Donnadieu. Les véritables origines de la question phylloxérique. — Paris, 1887, 1 br. in-8°.

Faudel. La Société alsato-vosgienne et le Schwarzwaldverein. — Colmar, 1868, 1 br. in-8°.

— Notice biographique sur le professeur Frédéric Kirschleger. — Colmar, 1872, 1 br. in-8°.

P. Fliche. Manuel de botanique forestière. — Paris, 1873, 1 vol. in-12.

Travaux de M. Godron.

Soyer-Wilmet et Godron. Revue des trèfles de la section *Chronosemium*. — Nancy, 1847, 1 br. in-8°.

A. Godron. Observations critiques sur l'inflorescence considérée comme base d'un arrangement méthodique des espèces du genre *Silene*. — Nancy, 1847, 1 br. in-8°.

A. Godron.	Note sur une nouvelle espèce d'Hyssope récemment découverte dans les Pyrénées-Orientales. — Nancy, 1850, 1 plaq. in-8°.
—	Quelques notes sur la flore de Montpellier. — Besançon, 1854, 1 br. in-8°.
—	De l'*Ægilops Triticoides* et de ses différentes formes. — Nancy, 1856, 1 br. in-8°.
—	Observations sur le *Drosera obovata*. — Nancy, 1856, 1 plaq. in-8°.
—	Note sur un mollusque récemment naturalisé en Lorraine. — Nancy, 1856, 1 plaq. in-8°.
—	Description d'une nouvelle espèce du genre *Sorbus*, découverte dans les Vosges. — Nancy, 1858, 1 plaq. in-8°.
—	Observations sur les bourgeons et sur les feuilles du *Liriodendron tulipifera* L... — Nancy, 1861, 1 br. in-8°.
—	De la végétation du Kaiserstuhl dans ses rapports avec celle des coteaux jurassiques de la Lorraine. — Nancy, 1863, 1 br. in-8°.

| A. Godron. | Autopsie d'un chien naturellement dépourvu de l'appendice caudal. — Nancy, 1865, 1 plaq. in-8°. |

— De la suppression congénitale de l'appendice caudal observée sur une famille de chiens. — Nancy, 1865, 1 plaq. in-8°.

— L'homme de Platon ou description d'un coq et d'une poule naturellement dépourvus de plumes. — Nancy, 1865, 1 plaq. in-8°.

— Une promenade botanique aux environs de Benfeld (Bas-Rhin) faite le 20 août 1863. — Nancy, 1864, 1 br. in-8°.

— Mémoire sur les Fumariées à fleurs irrégulières et sur la cause de leur irrégularité. — Nancy, 1864, 1 br. in-8°.

— Une visite géologique et botanique au lac de Fondromey (Vosges). — Nancy, 1864, 1 plaq. in-8°.

— Mémoire sur les feuilles inéquilatères. — Nancy, 1864, 1 plaq. in-8°.

A. Godron. Observations sur les races du *Datura Stramonium*. — Nancy, 1864, 1 plaq. in-8°.

— Mémoire sur la pélorie du *Delphinium* et sur plusieurs autres anomalies qui présentent les fleurs de ce genre.—Nancy, 1865, 1 br. in-8°.

— Sur les trois floraisons du *Wistaria Chinensis*. D. C. — Nancy, 1865, 1 plaq. in-8°.

— De la pélorie des *Pelargonium*.— Nancy, 1866, 1 plaq. in-8°.

— Nouvelles expériences sur l'hybridité dans le règne végétal faites pendant les années 1863, 1864 et 1865. — Nancy, 1866, 1 br. in-8°.

— Observations sur les bourgeons et sur l'inflorescence des Papilionacées. — Nancy, 1866, 1 br. in-8°.

— Observations sur les organes de la végétation du *Hedera Helix L.* — Nancy, 1867, 1 plaq. in-8°.

— Étude sur les bourgeons des platanes. — Nancy, 1867, 1 plaq. in-8°.

A. Godron. De la signification morphologique des différents axes de végétation de la vigne. — Nancy, 1867, 1 br. in-8°.

— L'âge de pierre en Lorraine. — Nancy, 1868, 1 br. in-8°.

— Une mission Bouddhiste en Amérique au v° siècle de l'ère chrétienne. — Paris, 1868, 1 br. in-8°.

— Une Pélorie reproduite de graines. — Nancy, 1868, 1 br. in-8°.

— Observations sur quelques axes végétaux constamment définis par la mortification du bourgeon terminal ou des mérithalles supérieurs. — Nancy, 1868, 1 br. in-8°.

— Les perles de la Vologne et le château sur perle. — Nancy, 1869, 1 br. in-8°.

— Histoire des Ægilops hybrides. — Nancy, 1870, 1 br. in-8°.

— Les hêtres tortillards des environs de Nancy. — Nancy, 1870, 1 br. in-8°.

— 46 —

A. Godron. — Notice historique sur les jardins botaniques de Pont-à-Mousson et de Nancy. — Nancy, 1872, 1 br. in-8°.

— Sur l'origine probable des poiriers cultivés et des nombreuses variétés qu'ils fournissent par semis. — Nancy, 1873, 1 br. in-8°.

— Des hybrides et des métis de Datura étudiés spécialement dans leur descendance. — Nancy, 1873, 1 br. in-8°.

— Des animaux sauvages indiqués au IV° siècle par Fortunatus, comme existant dans les Ardennes et dans les Vosges. — Nancy, 1873, 1 br. in-8°.

— De la floraison des Graminées. — Cherbourg, 1873, 1 vol. in-8°.

— Observations sur les formes bifructifères du framboisier cultivé. — Nancy, 1874, 1 plaq. in-8°.

— Études sur les pavots cultivés. — Nancy, 1874, 1 br. in-8°.

A. Godron. Études sur la Lorraine dite allemande, le pays Messin et l'ancienne province d'Alsace. — Nancy, 1874, 1 br. in-8°.

— Un nouveau chapitre ajouté à l'histoire des Ægilops hybrides. — Nancy, 1877, 1 br. in-8° (voir page 45).

— Note sur le *Rosa glauca* de Villars. — Gand, 1877, 1 br. in-8°.

N. Haillant. Flore populaire des Vosges. — Paris, 1885, 1 vol. in-8°.

— Petite excursion botanique au ballon d'Alsace. — Épinal, 1883, 1 br. in-8°.

Heim (F.). Sur le genre *Leitneria,* Chapm. — Paris, 1891, 1 br. in-8°.

Henry (E.). Répartition du tannin dans les diverses régions du bois de chêne. — Nancy, 1888, 1 br. in-8°.

Hjalmar Hjelt. Notæ conspectus floræ fennicæ. — Helsingforsiæ, 1888, 1 br. in-8°.

Aug. Le Jolis. Note sur le *Myosotis sparsiflora* de la flore de la Normandie. — Cherbourg, 1881, 1 br. in-8°.

C. Mangenot. Des Algues utiles. — Paris, 1883, 1 vol. in-8°.

L. Mangin. Origine et insertion des racines adventives et modifications corrélatives de la tige chez les monocotylédones. — Paris, 1882, 1 vol. in-8°.

Em. Mer. Recherches sur la formation du bois parfait. — Paris, 1888, 1 br. in-8°.

— Influence de l'exposition sur l'accroissement de l'écorce des sapins. — Paris, 1889, 1 br. in-8°.

— Recherches sur les causes d'excentricité de la moelle dans les sapins. — Paris, 1889, 1 br. in-8°.

— Description d'une maladie nouvelle des rameaux de sapin. — Paris, 1890, 1 br. in-8°.

— Moyen d'activer l'allongement des jeunes sapins. — Paris, 1890, 1 br. in-8°.

Em. Mer.	Particularités de végétation que présentent dans les Vosges les *Hypoderma nervisequum* et *macrosporum*, ainsi que le *Chrysomixa abietis*. — Paris, 1890, 1 br. in-8°.
—	Sur les causes de variation de la densité des bois. — Paris, 1892, 1 br. in-8°.
—	Influence des décortications annulaires sur la végétation des arbres. — Paris, 1892, 1 br. in-8°.
Patouillard.	Énumération des champignons observés en Tunisie. — Paris, 1892, 1 vol. in-8° avec atlas.
L. Quélet.	Les Champignons du Jura et des Vosges. — Paris, 1873, 1 br. in-8°.
T. Saelan, A. O. Kihlmann, Hj. Hjelt.	Herbarium musei fennici. I. Plantæ Vasculares. — Helsingforsiæ, 1889, 1 vol. in-8°. 2ᵉ édit.
Saint-Lager.	Vicissitudes onomastiques de la Globulaire vulgaire. — Paris, 1889, 1 br. in-8°.
—	La priorité des noms de plantes. — Paris, 1890, 1 br. in-8°.

E. Strassburger.	Manuel technique d'anatomie végétale. Guide pour l'étude de la botanique microscopique. — Paris, 1886, 1 vol. in-8°.
M. Thouvenin.	Contribution à l'étude anatomique des racines de la famille des Composées. — Nancy, 1884, 1 vol. in-8°.
E. Timbal Lagrave.	Essai monographique sur les *Dianthus* des Pyrénées françaises (Dessins du Dr Bucquoy). — Perpignan, 1 vol. in-8°.
—	Note sur l'*Alyssum montanum L.* des Pyrénées. — 1 br. in-8°.
P. Vuillemin.	Notice sur la flore des environs de Nancy. — Nancy, 1886, 1 br. in-12.
—	De la valeur des caractères anatomiques au point de vue de la classification des végétaux. Tiges des composées. — Paris, 1884, 1 vol. in-8°.
—	L'endoderme du *Senecio cineraria*. — 1 br. in-8°.
—	L'exoderme. — 1 br. in-8°.

P. Vuillemin. L'appareil reluisant du *Schistostega osmundacea*. — 1 br. in-8°.

Warion. Herborisations dans les Pyrénées-Orientales en 1878 et 1879. — Perpignan, 1880, 1 br. in-8°.

7. — CHIMIE

Berthelot. Collection des anciens alchimistes grecs. — Paris, 1887-1888, 4 vol. in-4°.

R. Collignon. De l'alcool allylique et de la transpirabilité de quelques alcools monoatomiques. — Paris, 1877, 1 br. in-8°.

E. Delaurier. Essai d'une théorie générale supérieure de philosophie naturelle et de thermo-chimie avec une nouvelle nomenclature binaire notative pour la chimie minérale et organique. — Paris, 1883, 1 vol. in-12.

R. Fresenius. Traité d'analyse chimique qualitative (trad. de C. Forthomme). — Paris, 1875, 1 vol. in-12.

L. Grandeau. Sur l'existence du Cæsium, du Rubidium, de la Lithine, de la Strontiane et de l'acide borique dans les eaux thermo-minérales de Bourbonne-les-Bains (Haute-Marne). — Strasbourg, 1861, 1 br. in-8°.

A. Haller. Théorie générale des alcools. — Paris, 1879, 1 vol. in-8°.

A. Held. Contribution à l'étude de nouveaux dérivés des éthers acétylcyanacétiques. — Nancy, 1888, 1 vol. in-8°.

E. Jacquemin. Opuscules de chimie. — Nancy, 1877, 1 br. in-8°.

T. Klobb. Recherches sur les combinaisons ammonio-cobaltiques. — Nancy, 1887, 1 br. grand in-8°.

— Essai sur les lois des doubles décompositions chimiques. — Paris, 1889, 1 vol. in-8°.

8. — CHIRURGIE

J. Godard. Du bégaiement et de son traitement physiologique. — Paris, 1877, 1 br. in-8°.

Guillon (père). Contributions à la chirurgie des voies urinaires suivies de mémoires sur divers sujets de médecine et de chirurgie. — Paris, 1879, 1 vol. in-8°.

A. Préterre. Le protoxyde d'azote, son application aux opérations chirurgicales et particulièrement à l'extraction des dents sans douleur. — Paris, 1884, 1 vol. in-8°.

— Les dents, leurs maladies, leur traitement, leur remplacement. — Paris, 1885, 1 vol. in-12.

E. Simonin. Une année de la clinique chirurgicale. — Paris, 1875, 1 vol. in-8°.

— De l'emploi de l'éther sulfurique et du chloroforme à la clinique chirurgicale de Nancy. — Paris, 1877-1879, 3 vol. in-8°.

E. Simonin.	Quelques faits de chirurgie. — Nancy, 1881, 1 br. in-8°.
—	Rapport sur le service départemental de l'assistance médicale et de la vaccine de Meurthe-et-Moselle. 1874, 1875, 1877, 1878, 1879. — Nancy, 5 vol. in-8°.
Wartmann.	Recherches sur l'Enchondrome, son histologie et sa genèse. — Paris, 1880, 1 vol. in-8°.

9. — ETHNOGRAPHIE

R. Collignon. L'inscription de Temia, découverte par le capitaine Lefèvre. Contribution à l'étude des Aïnos. — Paris, 1888, 1 br. in-8°.

— Étude sur l'ethnographie générale de la Tunisie. — Paris, 1887, 1 vol. in-8°.

J. C. Pilling (voir p. 90). Bibliography of the Eskimo language. — Washington, 1887, 1 vol. in-8°.

— Bibliography of the Siouan languages. — Washington, 1887, 1 vol. in-8°.

C. Thomas. Work in mound exploration of the Bureau of Ethnology. — Washington, 1887, 1 br. in-8°.

10. — GÉOGRAPHIE

                Archives de la commission scientifique du Mexique. — Paris, 1864-1869, 3 vol. in-8°.

Du Fief.   Bulletin de la Société belge de géographie. — Bruxelles, 1879, 1 vol. in-8°.

A. Geistbeck.   Die Seen der deutschen Alpen. Eine geographische Skizze. — Leipzig, 1885, 1 vol. in-folio cart.

Ignatius.   Le grand-duché de Finlande. Notice statistique. — Helsingfors, 1878, 1 vol. in-8°.

A. Magno de Castilho.   Seconde étude sur les colonnes ou monuments commémoratifs des découvertes portugaises en Afrique. — Lisbonne, 1870, 1 vol. in-8°.

A. De Metz-Noblat.   Dix jours en Corse. — Paris, 1886, 1 br. in-8°.

E. Obry.   De Nancy au mont Saint-Michel, près de Toul. — Nancy, 1883, 1 br. in-8°.

Gal D. Julio A. Roca. Informe official de la Comision cientifica agregada al Estado mayor general de la expedicion al Rio Negro (Patagonia). — Buenos-Ayres, 1881, 3 vol. grand in-4°, cart.

— Le Tonkin financier, son avenir. — Paris, 1891, 1 br. in-8°.

P. Thomas. La mer Saharienne. — Alger, 1882, 1 br. in-8°.

Dr X... Les Universités allemandes. — 1 br. in-8°.

Danzig in naturwissenschaftlicher und medizinischer Beziehung. — Danzig, 1880, 1 vol. in-12.

J. A. C. Oudemans. Die Triangulation von Java ausgeführt vom Personal des geographischen Dienstes in Niederlandisch-Ost-Indien. — Haag, 1891, 1 vol. in-folio.

E. Imbeaux. La Durance. Régime. Crues et inondations. — Paris, 1892, 1 vol. in-8°.

M. Vignier. La géographie dans les chaires de l'Université. — Avignon, 1893, 1 br. in-8°.

11. — GÉOLOGIE

C. A. Ashburner. The geologic relations of the Nanticoke Disaster. — 1887, 1 br. in-8°.

— Geologic distribution of natural gas in the united States. — Saint-Louis, 1886, 1 br. in-8°.

Em. Badel. Jules Wohlgemuth, sa vie, sa mort, ses funérailles. — Nancy, 1893, 1 br. in-8°.

Bleicher. Essai d'une monographie géologique du Mont-Sacré. Quelques mots sur l'ancienneté de l'homme dans la vallée de l'Anio. — Colmar, 1865, 1 br. in-8°.

— Sur la découverte du carbonifère à fossiles marins et à plantes aux environs de Raon-sur-Plaine. — 1887, 1 plaq. in-4°.

— Recherches lithologiques sur la formation à bois silicifiés de Tunisie et d'Algérie. — 1888, 1 plaq. in-4°.

Bleicher. Sur la nature des phosphates du massif du Dekma (département de Constantine). — 1890, 1 plaq. in-4°.

— Sur la structure microscopique des roches phosphatées du Dekma (département de Constantine). — 1891, 1 plaq. in-4°.

— Essai de géologie comparée des Pyrénées, du plateau central et des Vosges. — Colmar, 1870, 1 vol. in-8°.

— Recherches sur les terrains antérieurs au jurassique dans la province d'Oran (Extrait du *Bulletin de la Société géologique de France*). — 1880, 1 br. in-8°.

— Le minerai de fer de la Lorraine (lias supérieur et oolithe inférieure) au point de vue stratigraphique et paléontologique (Extrait du *Bulletin de la Société géologique de France*). — 1894, 1 br. in-8°.

— Sur le gisement et la structure des nodules phosphatés du lias de Lorraine. — Paris, 1892, 1 br. in-8°.

Bleicher et Mieg. Sur le carbonifère marin de la Haute-Alsace; découverte du culm dans la vallée de la Bruche. — 1883, 1 plaq. in-4°.

Bleicher et Mieg. Note sur la paléontologie du terrain carbonifère de la Haute-Alsace (Extrait du *Bulletin de la Société géologique de France*). — 1883, 1 br. in-8°.

C. Durand. Géologie des Vosges appliquée à l'agriculture. — Nancy, 1886, 1 vol. in-12.

— Les grandes industries minérales en Lorraine. — Nancy, 1893, 1 br. in-8°.

Fliche et Bleicher. Recherches sur le terrain tertiaire d'Alsace et du territoire de Belfort. — Colmar, 1885, 1 br. in-8°.

Abbé A. Friren. Mélanges paléontologiques. — Metz, 1886, 1 br. in-8°. (2ᵉ édition 1892.)

M. Mieg. Notice nécrologique sur M. Joseph Delbos, présentée à la Société industrielle de Mulhouse dans sa séance du 27 septembre 1882. — Mulhouse, 1883, 1 br. in-8°.

P. Thomas. Sur les gisements de phosphate de chaux de l'Algérie. — 1888, 1 plaq. in-4°.

— Sur la découverte de nouveaux gisements de phosphate de chaux en Tunisie. — 1887, 1 plaq. in-4°.

P. Thomas. Notes additionnelles sur les vertébrés fossiles de la province de Constantine (Extrait du *Bulletin de la Société géologique de France*). — 1886, 1 br. in-8°.

— Recherches stratigraphiques et paléontologiques sur quelques formations d'eau douce de l'Algérie. — Paris, 1884, 1 vol. in-4°.

Second geological survey of Pennsylvania. Grand atlas. — Harrisburg, 1885, 5 vol. grand in-folio cart.

N. Wies. Guide de la carte géologique du grand-duché de Luxembourg. — Luxembourg, 1877, 1 vol. in-8°.

12. — HISTOIRE NATURELLE

H. Bardy.   Notice sur Gabriel-François Renaud, maître en pharmacie à Saint-Dié, membre correspondant de la Société royale de médecine de Paris. 1751-1821. — Saint-Dié, 1 br. in-8°.

—   Dom Claude Fleurand, moine bénédictin de Moyenmoutier et son journal d'observations sur les insectes de Lorraine. — Saint-Dié, 1880, 1 br. in-8°.

Faudel.   Notice sur le musée d'histoire naturelle de Colmar et aperçu historique sur le musée des Unterlinden en général. — Colmar, 1872, 1 br. in-8°.

Ed. Lallement.   Des infiniment petits (Discours de réception à l'Académie de Stanislas). — Nancy, 1867, 1 br. in-8°.

13. — HYDROLOGIE

H. Bardy.   Les eaux minérales de Saint-Dié. Étude historique et documents scientifiques. — Saint-Dié, 1887, 1 vol. in-8°.

Bourdeillette.   Les Pyrénées. Bagnères-de-Luchon. — Bagnères-de-Luchon, 1879, 1 br. in-8°.

Brachet.   Mémoire sur une mission faite en 1884 pour l'étude des eaux minérales de la Turquie d'Europe, de la Turquie d'Asie et de la Grèce. — Paris, 1887, 1 br. in-8°.

E. Delacroix et A. Robert.   Les eaux. Étude hygiénique et médicale sur l'origine, la nature et les divers emplois des eaux tant ordinaires que médicinales, suivie d'un tableau général indicateur des sources minérales et stations balnéaires de la France et de l'étranger. — Paris, 1865, 1 vol. in-12.

Forthomme et Lallement.   Rapport sur la question des eaux devant servir à l'alimentation de la ville de Nancy. — Nancy, 1875, 1 br. in-4°.

A. Labat. Les bains de Lucques, en Toscane. — Nancy, 1876, 1 br. in-8°.

Oberlin et Schlagdenhauffen. Nouvelles recherches sur le dépôt et les eaux de Schinznach (Suisse). — Paris, 1882, 1 br. in-8°.

A. Robert. Bade et ses thermes. — Strasbourg, 1861, 1 vol. in-8°.

— Notice sur les eaux thermales sulfureuses de Schinznach (Suisse). — Strasbourg, 1865, 1 vol. in-12.

— De l'eau de Wildegg (canton d'Argovie, Suisse). — Strasbourg, 1868, 1 br. in-8°.

— Guide du médecin et du touriste aux bains de la vallée du Rhin, de la Forêt-Noire et des Vosges. — Strasbourg, 1869, 1 vol. in-12.

— Notice sur l'eau sulfatée, calcique, alcaline et lithinée de Martigny-les-Bains, près Lamarche (Vosges). — Strasbourg, 1869, 1 br. in-12.

— Notice sur les eaux gazeuses, alcalines et ferrugineuses de Soultzbach (Haut-Rhin). — Strasbourg, 1870, 1 br. in-12.

14. — HYGIÈNE.

H. Bardy. Travaux du conseil d'hygiène et de salubrité publique de l'arrondissement de Saint-Dié pendant la période de 1870 à 1880. — Saint-Dié, 1880, 1 br. in-8°.

— L'hiver de 1879-1880 à Saint-Dié-des-Vosges. — Saint-Dié, 1880, 1 br. in-8°.

Ed. Lallement. Rapport au conseil municipal sur la réorganisation du service médical municipal et sur la création d'un bureau municipal d'hygiène. — Nancy, 1879, 1 br. in-8°.

— A propos de l'épidémie régnante à Nancy. Question d'hygiène municipale. — Nancy, 1882, 1 br. in-8°.

— Perfectionnement du « Tout à l'égout » à Nancy au moyen du siphon-raccord. — Nancy, 1883, 1 br. in-8°.

Valentin. Rapport sur la situation de Nancy au point de vue de l'hygiène pendant les années 1881-1882. — Nancy, 1883, 1 br. in-8°.

15. — MATHÉMATIQUES

Bach. De l'intégration par les séries (Extrait des *Annales de l'École normale supérieure*). — Paris, 1872, 1 br. in-4°.

H. Barré et L. Roussel. Manuel d'arpentage et de lever des plans. — Paris, 1873, 1 vol. in-12.

— Notice sur les procédés de lever des plans et sur leur application au cadastre et aux autres services publics. — Paris, 1878, 1 br. in-4°.

Duchêne. Notice sur la vie et les travaux de M. Émile Mathieu (Extrait du *Bulletin of the New-York mathematical Society*). — New-York, 1892, 1 br. in-8°.

G. Floquet. Intégration de l'équation d'Euler par les lignes de courbure de l'hyperboloïde réglé. — 1875, 1 br. in-8°.

— Sur la théorie des équations différentielles linéaires. — Paris, 1879, 1 vol. in-4°.

A. Namur. Tables de logarithmes à 12 décimales jusqu'à 434 milliards, avec preuves. — Bruxelles, 1877, 1 br. in-8°.

H. Poincaré. Sur le problème des trois corps et les équations de la dynamique. — Paris, 1889, 1 vol. in-4°.

16. — MATIÈRE MÉDICALE

C. Brunotte. De la détermination histologique des falsifications du thé. — Nancy, 1884, 1 br. in-8°.

Godfrin et Noël. Atlas manuel de l'histologie des drogues simples. — Paris, 1887, 1 vol. in-8°, cart.

C. Noël. Étude des essences au point de vue de leur pureté. — Paris, 1887, 1 br. in-8°.

Oberlin et Schlagdenhauffen. Étude histologique et chimique de différentes écorces de la famille des Diosmées. — Nancy, 1878, 1 vol. in-8°.

De l'essence de Santal. — Nancy, 1 br. in-8°.

A. René. Étude expérimentale sur l'action physiologique de la nicotine. (Thèse de doctorat.) — Pont-à-Mousson, 1877, 1 vol. in-4°.

17. — MÉDECINE

Colonel E. Belleville. La rage au point de vue physiologique. — Toulouse, 1873, 1 br. in-8°.

P. Bouloumié. De la goutte. Étiologie, formes, périodes, transformations et manifestations primordiales. — Paris, 1875, 1 br. in-8°.

Braun. Matériaux pour servir à une monographie de la goutte. — Paris, 1862, 1 vol. in-8°.

Christian. Étude sur la pachyméningite hémorrhagique. — Strasbourg, 1864, 1 br. in-8°.

— Rage et hydrophobie dans leurs rapports avec l'aliénation mentale. — Paris, 1869, 1 br. in-8°.

— Des traumatismes chez les aliénés. — Paris, 1871, 1 br. in-8°.

— De la folie consécutive aux maladies aiguës. — Paris, 1873, 1 br. in-8°.

Christian. Étude sur la mélancolie. Des troubles de la sensibilité générale chez les mélancoliques. — Paris, 1876, 1 vol. in-8°.

Faudel. Notice sur la Société médicale et sur la Société de prévoyance des médecins et pharmaciens du Haut-Rhin. — Colmar, 1876, 1 br. in-8°.

Fiessinger. De l'élimination des éléments sulfurés par les urines. (Thèse de doctorat.) — Nancy, 1879, 1 vol. in-4°.

— Étiologie de la fièvre typhoïde dans le canton de Châtel (Vosges). — Épinal, 1881, 1 br. in-8°.

Edm. Lallement. Oblitération de l'aorte abdominale. — Nancy, 1886, 1 br. in-8°.

— De l'élément nerveux dans le croup. (Thèse de doctorat.) — Paris, 1864, 1 vol. in-4°.

G. E. Melcion. De quelques complications peu connues de la scarlatine. — Nancy, 1878, 1 br. in-4°.

E. Ritter. — Modifications des urines sous l'influence de l'eau chargée de protoxyde d'azote, dite eau oxyazotique. — Strasbourg, 1874, 1 br. in-8°.

— Du vaccin. Le mal qu'il produit, les dangers qui en résultent. — Paris, 1880, 1 br. in-8°.

18. — MÉTÉOROLOGIE ET CLIMATOLOGIE

Cazenave de la Roche. Action sédative du climat de Pau. — Nancy, 1876, 1 br. in-8°.

L. Cruls. Le climat de Rio-de-Janeiro. — Rio-de-Janeiro, 1892, 1 vol. in-4°.

H. Morize. Ébauche d'une climatologie du Brésil. — Rio-de-Janeiro, 1891, 1 br. in-8°.

— Estudio meteorologico y medico del clima de Alicante, como Estacion invernal, publicado por la Sociedad economica de Amigos del pais. — Alicante, 1882, 1 br. in-8°.

Mariano Barcena y Miguel Pérez. Estudios de Meteorologia comparada. — Mexico, 1885, 1 vol. in-8°.

Millot. Sur les grains arqués des mers de l'Inde. — 1884, 1 plaq. in-4°.

C. Millot. Cours de météorologie professé à la Faculté des sciences de Nancy et inauguré en janvier 1884. — Nancy, 1884, 2 vol. in-4°.

C. Millot.   Températures normales et quantités normales de pluie à Nancy. — Nancy, 1891, 1 br. in-8°.

Olry.   Recherches sur les phénomènes météorologiques de la Lorraine. — Nancy, 1885, 1 vol. in-8°.

A. Piche.   De l'état de la météorologie en France au point de vue de l'organisation du travail. (Congrès de 1876.) — Paris, 1 br. in-8°.

Rayet.   Observations pluviométriques et thermométriques faites dans le département de la Gironde de 1883 à 1889. — Bordeaux, 1883-1892, 8 br. in-8°.

H. Vignot.   Rôle de la vapeur d'eau dans l'atmosphère. — Nancy, 1885, 1 br. in-8°.

19. — OBSTÉTRICIE ET GYNÆCOLOGIE

Abeille. Fibromes interstitiels de l'utérus. De leur guérison au moyen de l'Hystérotomie ignée par les voies naturelles. — Paris, 1878, 1 br. in-8°.

A. Herrgott. De l'exstrophie vésicale dans le sexe féminin. Thèse de doctorat. — Nancy, 1874, 1 vol. in-8°.

— Des maladies fœtales qui peuvent faire obstacle à l'accouchement. — Paris, 1878, 1 vol. in-8°.

Lallement et Lebert. Observation d'absence congénitale du vagin et de l'utérus. — 1874, 1 br. in-8°.

20. — OPTIQUE

Charpentier. De la vision avec les diverses parties de la rétine. — Paris, 1877, 1 br. in-8°.

— Le sens de la lumière et le sens des couleurs. — Paris, 1880, 1 br. in-8°.

— L'examen de la vision au point de vue de la médecine générale. — Paris, 1881, 1 vol. in-12.

F. Holmgren. De la cécité des couleurs dans ses rapports avec les chemins de fer et la marine. — Stockholm, 1877, 1 vol. in-8°.

Stœber. De la myopie scolaire. — Paris, 1888, 1 br. in-8°.

21. — PHYSIOLOGIE

H. Beaunis. Programme du cours complémentaire de physiologie fait à la Faculté de médecine de Strasbourg. — Paris, 1872, 1 vol. in-12.

— Note sur l'application des injections interstitielles à l'étude des fonctions des centres nerveux. — Paris, 1872, 1 plaq. in-8°.

— De la nécessité de créer à la Faculté de médecine de Paris une chaire de physiologie générale. — Paris, 1872, 1 pl. in-8°.

— Philosophie scientifique. La force et le mouvement (Extrait de la *Revue scientifique* du 24 janvier 1874). — 1 br. in-4°.

— Les principes de la physiologie. — Paris, 1875, 1 br. in-8°.

— Claude Bernard. Leçon d'ouverture du cours de physiologie à la Faculté de médecine de Nancy. Paris, 1878, 1 br. in-8°.

H. Beaunis. Recherches expérimentales sur les conditions de l'activité cérébrale et sur la physiologie des nerfs. — Paris, 1884, 1 vol. in-8°.

J. B. Carpentier. La photographie appliquée aux sciences biologiques et le physiographe universel du Dr Donnadieu. — Lyon, 1884, 1 plaq. in-12.

E. Gley. Étude expérimentale sur l'état du pouls carotidien pendant le travail intellectuel. — Paris, 1881, 1 br. in-8°.

J. Thore. Première, deuxième et troisième communications sur une nouvelle force. — Dax, 1887, 1 br. in-8°.

22. — PHYSIQUE

R. Blondlot   Sur la détermination de la quantité de magnétisme d'un aimant. — 1 plaq. in-4°.

—   Sur le diamagnétisme de l'hydrogène condensé. — 1 plaq. in-4°.

—   De la non-existence de l'allongement d'un conducteur traversé par un courant électrique, indépendamment de l'action calorifique. — 1 plaq. in-4°.

—   Sur la conductibilité voltaïque des gaz échauffés. — 1 plaq. in-4°.

—   Recherches expérimentales sur la capacité de polarisation voltaïque. (Thèse de doctorat.) — Paris, 1881, 1 br. in-4°.

R. Coulon.   Essai sur les causes de la production du son dans les téléphones. — Rouen, 1879, 1 br. in-8°.

V. Machado. A Electricidade, estudo de Algumas das suas principales applicações. — Lisboa, 1887, 1 vol. in-8°.

M. Melsens. De l'application du Rhé-Électromètre aux paratonnerres des télégraphes. — Bruxelles, 1 br. in-8°.

— Notice sur le coup de foudre de la gare d'Anvers du 10 juillet 1865. — Bruxelles, 1 br. in-8°.

— Quatrième et cinquième notes sur les paratonnerres. — Bruxelles, 2 br. in-8°.

— Des paratonnerres à pointes, à conducteurs et à raccordements terrestres multiples. — Bruxelles, 1877, 1 vol. in-8°, cart.

A. Perot. Sur la mesure du volume spécifique des vapeurs saturées, et détermination de l'équivalent mécanique de la chaleur. — Paris, 1887, 1 br. in-4°.

L. Roussel. Essai sur un moteur hydraulique inventé par M. de Causon et de son application aux scieries. — Nancy, 1869, 1 br. in-8°.

23. — SYLVICULTURE

L Boppe.   Cours de technologie forestière, créé à l'École de Nancy par H. Nanquette. Édition entièrement nouvelle. — Paris, 1887, 1 vol. in-8°.

—   Traité de sylviculture. — Paris, 1889, 1 vol. in-8°.

A. X. P. Coutinho.   Curso de Silvicultura. — Lisboa, 1886, 1 vol. in-8°.

E. Henry.   Les cendres des essences principales de la forêt de Haye. — Paris, 1876, 1 br. in-8°.

Em. Mer.   De l'influence des éclaircies sur l'accroissement diamétral des sapins. — Paris, 1888, 1 br. in-8°.

—   Recherches sur le traitement des sapinières vosgiennes. Congrès scientifique de Paris de 1889. — Paris, 1889, 1 br. in-8°.

24. — ZOOLOGIE

Valery Mayet et J. M. F. Bigot. Énumération des Diptères recueillis en Tunisie dans la mission de 1884, et description des espèces nouvelles. — Paris, 1888, 1 br. in-8°.

S. Mocquerys. Recueil de Coléoptères anormaux, avec une introduction de M. P. Bourgeois. — Rouen, 1880, 1 vol. in-8°.

Letourneux et Bourguignot. Prodrome de la Malacologie terrestre et fluviatile de la Tunisie. — Paris, 1887, 1 vol. in-8°.

A. Bouvier. Les animaux de la France. Vertébrés. — Paris, 1886, 1 vol. in-12.

F. Brauer. Offenes Schreiben als Antwort auf Herrn Baron Osten-Sacken's « critical review » meiner Arbeit über die Notacanthen. — Wien, 1883, 1 br. in-8°.

C. Brunotte. Recherches sur la structure de l'œil chez un *Branchiomma*. — 1 plaq. in-4°.

C. Brunotte. Recherches anatomiques sur une espèce du genre *Branchiomma*. — Nancy, 1888, 1 vol. in-4°.

J. Carpentier. Étude sur les Saumons. Moyens économiques de repeupler nos fleuves. — Montreuil-sur-Mer, 1 br. in-8°.

— Catalogue de l'Exposition du congrès international de zoologie du 10 au 18 août 1892. — Moscou, 1892, 1 br. in-8°.

— Congrès international de zoologie tenu à Moscou. 1re et 2e parties. — Moscou, 1892-1893, 2 vol. in-8°.

E. Cosson. Note sur la flore de la Kroumirie centrale explorée en 1883 par la mission botanique. — Paris, 1885, 1 br. in-8°.

Doumet-Adanson. Rapport sur une mission botanique exécutée en 1884 dans la région saharienne, au nord des grands chotts et dans les îles de la côte orientale de la Tunisie. — Paris, 1888, 1 vol. in-8°.

C. Emery. Révision critique des fourmis de la Tunisie. — Paris, 1891, 1 br. in-8°.

D'Hamonville (B⁰ⁿ). Catalogue des Oiseaux d'Europe ou énumération des espèces et races d'oiseaux dont la présence, soit habituelle, soit fortuite, a été dûment constatée dans les limites géographiques de l'Europe. — Paris, 1876, 1 br. in-8°.

— Vœu tendant à la suppression de la petite chasse dans toute la France. — Nancy, 1892, 1 br. in-8°.

— L'Outarde canepetière en Meurthe-et-Moselle. — Paris, 1892, 1 plaq. in-8°.

F. Lataste. Catalogue critique des Mammifères apélagiques sauvages de la Tunisie. — Paris, 1887, 1 vol. in-8°.

Le Mesle. Mission géologique en Tunisie (avril, mai, juin 1887). Journal de voyage. — Paris, 1888, 1 br. in-8°.

Letourneux et Lefèvre. Liste des Coléoptères recueillis en Tunisie en 1883. — Paris, 1885, 1 br. in-8°.

Letourneux. Rapport sur une mission botanique exécutée en 1884 dans le nord, le sud et l'ouest de la Tunisie. — Paris, 1887, 1 vol. in-8°.

A. Locard. Espèces nouvelles de Mollusques fossiles des terrains tertiaires inférieurs de la Tunisie. — Paris, 1889, 1 vol. in-folio, cart.

Eug. Macé. Recherches anatomiques sur la grande Douve du foie (*Distoma hepaticum*). — Paris, 1882, 1 vol. in-8°.

Ch. Mangenot. Un cas d'atrésie de l'orifice génital externe chez un *Helix Pomatia*. — Paris, 1883, 1 br. in-8°.

Milne-Edwards. Expéditions scientifiques du *Travailleur* et du *Talisman* pendant les années 1880, 1881, 1882, 1883 :
1° Poissons, par M. Vaillant.
2° Brachiopodes, par MM. Fischer et Oehlet. — Paris, 1888-1891, 2 vol. in-folio.

Péron. Invertébrés fossiles des terrains crétacés de la région sud des Hauts-Plateaux de Tunisie. — Paris, 1893, 1 vol. in-8° avec atlas.

— De la nomenclature des êtres organisés. — Paris, 1881, 1 br. in-8°.

A. Prenant. Observations cytologiques sur les éléments séminaux de la scolopendre (*Scolopendra morsitans*) et de la lithobie (*Lithobius forficatus*). — Louvain, 1 br. grand in-8°.

A. Prenant. Étude sur la structure du tube séminifère de mammifères. Recherches sur la signification des éléments qui le constituent. (Thèse de doctorat.) — Nancy, 1887, 1 vol. in-4°.

X. Raspail. Histoire naturelle des Merles. Mœurs et chasse des espèces qui fréquentent les environs de Paris. — Paris, 1878, 1 br. in-8°.

— Monographie du Rossignol. Nouvelles recherches sur les mœurs de cet oiseau, principalement en ce qui concerne la nidification. — Paris, 1879, 1 br. in-8°.

E. Simon. Étude sur les Crustacés terrestres et fluviatiles recueillis en Tunisie en 1883, 1884 et 1885. — Paris, 1885, 1 br. in-8°.

— Étude sur les Arachnides recueillis en Tunisie en 1883 et 1884. — Paris, 1885, 1 br. in-8°.

P. Thomas. Recherches sur les Bovidés fossiles de l'Algérie — Meulan, 1882, 1 br. in-8°.

— Description des Échinides fossiles recueillis en 1885 et 1886 dans la région sud des Hauts-Plateaux de la Tunisie. — Paris, 1889, 1 vol. in-8°.

P. Thomas.   Description des Mollusques fossiles des terrains tertiaires inférieurs et crétacés de la Tunisie, recueillis en 1885 et 1886. — Paris, 1889, 2 vol. in-8° (avec planches in-folio).

—   Fossiles nouveaux ou critiques des terrains tertiaires et secondaires de Tunisie. — Paris, 1893, 1 br. in-8°.

F. Westhoff.   Die Käfer Westfalens zusammengestellt. — Bonn, 1881, 1 br. in-8°.

25. — HISTOIRE ET LITTÉRATURE

J. E. Blondel. La question sociale et sa solution scientifique. — Paris, 1887, 1 vol. in-8°.

Th. Braga. Historia da Universidade de Coïmbra. — T. 1. Lisbonne, 1892, 1 vol. in-8°.

— Portugaliæ monumenta historica a sæculo octavo post Christum usque ad quintum decimum jussu academiæ scientiarum olisiponensis edita. Scriptores. 3 fascicules. Leges et consuetudines. 6 fascicules. Diplomata et chartæ. 4 fascicules. — Olisipone, 1856-1873, 13 fascicules in-folio.

A. Chassaing. Mémoires de Jean Burel, bourgeois du Puy, publiés au nom de la Société académique du Puy. — Le Puy-en-Velay, 1875, 1 vol. in-4°.

L. Delisle. Littérature latine et Histoire du moyen âge. — Paris, 1890, 1 vol. in-8°.

L. Duval. Chartes communales et franchises locales du département de la Creuse. — Guéret, 1877, 1 vol. in-8°.

G. Floquet.   Notice sur Émile Mathieu, sa vie, ses travaux. — Nancy, 1891, 1 br. in-8°.

James Henry.   Æneida, or critical, exegetical, and æsthetical remarks on the Æneis with a personal collation of all the first classe mss., upwards of one hundred second classe mss, and all the principal editions. — London, 1873-1878, 8 vol. in-8°.

Ed. Lallement.   Académie de Stanislas. Compte rendu de l'année 1872-1873. — Nancy, 1873, 1 br. in-8°.

E. Lefèvre-Pontalis.   Bibliographie des sociétés savantes de la France. T. 1. 2/t. 2. — Paris, 1887-1892, 3 vol. in-4°.

F. Nizet.   Notice sur les catalogues de bibliothèques publiques. — Bruxelles, 1887, 1 br. in-8°.

Souvenir de la séance solennelle du deuxième centenaire de la fondation de l'Académie des sciences et belles-lettres d'Angers. — Angers, 1886, 1 br. in-8°.

Commemorazione di Giuseppe Meneghini fatta nell' aula magna dell' università Pisana al XXIV marzo MDCCCLXXXIX. — Pisa, 1889, 1 br. in-8°.

Jubilé de M. Pasteur, 1822-1892 (27 décembre). — Paris, 1893, 1 vol. in-4°.

J. C. Pilling (voir p. 56). Bibliography of the Iroquoian et Muskhogean languages. — Washington, 1888-1889, 2 vol. in-8°.

— Bibliography of the Athapascan languages. — Washington, 1892, 1 vol. in-8°.

— Bibliography of the Chinsokan languages. — Washington, 1893, 1 vol. in-8°.

— Bibliography of the Salishon languages. — Washington, 1893, 1 vol. in-8°.

O. Pirmez. Jours de solitude. Édition posthume, publiée d'après le vœu de l'auteur. — Paris, 1883, 1 vol. in-12.

Ch. Potvin. Homère. Choix de rhapsodies. — Bruxelles, 1891, 1 vol. in-4°.

Recueil des discours prononcés aux Congrès des Sociétés savantes à Paris. — 1879-1893.

26. — VARIA

A. Bourdaret.   Nouveau système de vidange. — Lyon, 1893, 1 br. in-8°.

De Barthélemy.   Numismatique de la France. — Paris, 1891, 1 br. in-8°.

A. F. de Castilho.   Os Fastos de Ovidio Nasão com traducção em verso Portuguez. — Lisboa, 1862, 2 vol. in-8°.

Exposition universelle de 1878, à Paris. Catalogue de la section anglaise, première et deuxième parties. Catalogue de la section des beaux-arts. Catalogue des colonies anglaises. Manuel de la section des Indes britanniques. — Londres, 5 vol. in-8° et in-12.

A. de Metz-Noblat.   Maniement et usage des armes à feu. Accidents de chasse et de tir. Conseils pour les éviter. — Paris, 1889, 1 vol. in-32.

H. George. L. Rives.   Laudo pronunciado por el Exmo Grover Cleveland, presidente de los Estados unidos de America, en las cuestiones sometidas a su decision por los Republicas de Costa-Rica y Nicaragua. — Washington, 1888, 1 vol. in-8°.

A. de la Rosa. Estudio de la filosofia y requeza de la lengua mexicana. — Guadalajara, 1889, 1 vol. in-8°.

P. Pérez Zeledon. Informe sobre la cuestion de validez del Tratado de limites de Costa-Rica y Nicaragua y Puntos accesorios sometidós al arbitraje del señor. Presidente de los Estados-Unidos de America, presentado en nombre del gobierno de Costa-Rica. — Washington, 1887, 1 vol. in-8°.

TABLE DES MATIÈRES

	Pages.
I. Publications périodiques.	1
II. Mémoires originaux.	31
1. Agriculture	31
2. Anatomie	32
3. Anthropologie	33
4. Archéologie	37
5. Astronomie	39
6. Botanique	40
7. Chimie	52
8. Chirurgie	54
9. Ethnographie	56
10. Géographie	57
11. Géologie	59
12. Histoire naturelle	63
13. Hydrologie	64
14. Hygiène	66
15. Mathématiques	67
16. Matière médicale	69
17. Médecine	70
18. Météorologie et Climatologie	73
19. Obstétricie et Gynæcologie	75
20. Optique	76
21. Physiologie	77
22. Physique	79
23. Sylviculture	81
24. Zoologie	82
25. Histoire et Littérature	88
26. Varia	91

NANCY, IMPRIMERIE BERGER-LEVRAULT ET Cie

www.ingramcontent.com/pod-product-compliance
Lightning Source LLC
LaVergne TN
LVHW050633090426
835512LV00007B/816